Captain of my Soul

This book has been designed to give you a place for peace, fun, and planning as you navigate treatment.

In all things that may be lost along your path, don't lose out on hope.

As a fellow cancer traveler, know this - you truly are the Captain of your soul.
Trust yourself.
Trust the journey.
Lean in to others whenever it is helpful.
Lean away from others as needed.
Face the future and know you have my love.
-Tracey

life forever changed but
yet, i'm still me

how will i face
tomorrow?

i'll rise in the morning
new answers i'll see

DIAGNOSIS

Oh, my heart; you have it.
For all who cancer reaches on an earth-shattering day... of
all the things I'd have you start with, it'd be these:

1. Breathe
2. Cry
3. Cry some more
4. Embrace the path before you

There is only one route forward. It is through.

Make a list of your current questions.
Don't worry about answers yet. Just write.

There's a stranger in my mirror. She's been there now for days. Sometimes when I see her, I'm reminded of shared ways.

If I walk by too quickly, it's more like quite the fright; but when I take time to "see" her, I'm reminded there is light.

The light, at times, seems faded. And the smiles are more worn. But she reminds me that I know her. Her strength blesses my home.

My stranger is so patient, as she waits for me to see. That someday we will match again, who I was and who I'm meant to be.

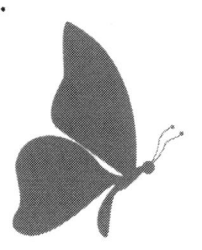

Who brings you peace?
Make a plan of how you'll reach out to them when you're needing some help.

What phases of treatment are you most worried about? Who can you share some of these concerns with?

While many things are no longer in your control, what is?

Planning for treatment weeks

Weekly Plan

Monday

Tuesday

Wednesday

Thursday

Friday

Saturday

Sunday

To-do

Notes

Weekly Plan

Monday

Tuesday

Wednesday

Thursday

Friday

Saturday

Sunday

to-do

Notes

Weekly Plan

Monday

Tuesday

Wednesday

Thursday

Friday

Saturday

Sunday

to-do

Notes

Weekly Plan

Monday

Tuesday

Wednesday

Thursday

Friday

Saturday

Sunday

to-do

Notes

Weekly Plan

Monday

Tuesday

Wednesday

Thursday

Friday

Saturday

Sunday

to-do

Notes

Weekly Plan

Monday

Tuesday

Wednesday

Thursday

Friday

Saturday

Sunday

to-do

Notes

Weekly Plan

Monday

Tuesday

Wednesday

Thursday

Friday

Saturday

Sunday

to-do

Notes

Weekly Plan

Monday

Tuesday

Wednesday

Thursday

Friday

Saturday

Sunday

to-do

Notes

What is something that has suprised you which you don't want to forget?

What is something about life before cancer that you miss?

What is something about life before cancer you don't miss?

What are some of your favorite things?
If you're able, let someone know.

What is something you want to do next year?

C	H	B	O	E	H	D	H	L	M	C	U	H	W	Y	F	C
A	M	B	G	L	A	S	R	O	B	H	G	I	E	N	F	L
B	R	A	I	T	U	U	F	C	U	C	J	N	I	N	T	Z
U	Y	P	S	F	Y	Q	P	G	A	V	I	L	Y	H	F	Q
N	T	P	D	D	H	E	A	L	T	H	A	Z	Q	R	A	D
H	O	O	O	V	T	R	U	V	S	B	H	A	A	C	M	X
O	J	I	C	F	G	U	S	N	B	A	Z	D	X	R	I	R
P	Y	N	T	I	U	E	U	L	Q	S	N	E	T	R	L	X
E	P	T	O	P	S	S	O	X	A	E	P	S	S	D	Y	S
S	K	M	R	R	I	K	N	A	L	F	C	L	L	X	H	G
T	D	E	U	V	C	R	U	A	Q	Y	E	E	T	W	D	C
A	O	N	M	E	D	I	C	I	N	E	X	N	Q	Y	M	V
E	J	T	E	J	J	D	Y	S	P	M	C	C	B	R	H	B
R	F	U	A	I	E	L	D	E	E	N	X	O	Q	K	D	J
T	Y	L	S	B	R	V	I	P	O	R	T	X	H	L	H	K
I	N	O	D	G	A	F	K	U	X	J	P	B	X	Y	N	L
T	I	S	T	K	W	O	J	L	N	H	I	B	C	V	E	N

Family
Nurses
Health
Doctor
Medicine
Prescription

Friends
Treats
Sunshine
Needle
Appointment

Neighbors
Hope
Sleep
Port
Calendar

Sudoku Puzzles #1

Although your days are hard, is there someone you can send a note of love or encouragement to yourself?

What will you do to be more active tomorrow?

Sudoku Puzzles #2

Sudoku Puzzles #3

Sudoku Puzzles #4

Sudoku Puzzles #5

What is one thing you will start to do that you would have never done before cancer?

What is one thing you have put off in the past, that you will no longer put off?

			1		1				1				
2	3		2	1	2				1				
	1	1	2						1				
			1						2	1	1		
1	1		1							2	1	1	
	2	1	1		2	1	2					1	
					1		1			1	1	1	1
					1	1	1			1			
						1	1	2		1	1		
				2	1		1				2	1	1
					1			1	1	2	2		2	1
1	1	1	1	2	2	1	1	1	1		1		
				1					2	1	2		
1	1	1	1	2	1	1							
				1		1		1	1	1	2		
				1		1		1			1		

Mark the Mines

Mine puzzle #1

	1		1				1			1			
	2		2			1	1	2		1			
	1		2	1		1	2			2			
	1	2		1		1		2	1	2		3	2
		1	1	1		1		1		2			
			1	2	2	1		2	3	3			
			1										
1	2	2	3			2	1	2					
1					2	1		1					
2				1	1			1				2	2
1				1				1	3			1	
1				1				1	2	3		1	
1	1	1	1	1	2	1	2	1	1			1	1
	1		1					1				1	1
	3	1	1		2	2	1	1				1	1
					1							1	1

Mark the Mines

Mine puzzle #2

					1		1					
	1	1	1		1		1					
	1		1		1	1	1					1	1
1	2		2	1								2	
				1					1	1	2	3	
			2	1	1	1	1		1				
1	2						1		2			2	1
	1	1	3			2	1		1			1	
			1		2	1	1			1	2		2	1
			1		1				1			
			1		1			1	3			
		1	3		3	1	1		1			
	1	2					1	1	3			
1	2											
						1	1	3		3	1	2	
							1		1		1		1

Mark the Mines

Mine puzzle #3

Mark the Mines

Mine puzzle #4

What "landmines" in your life will you work to remove?

Sudoku Puzzles #6

Sudoku Puzzles #7

Who is someone you've always admired, but never told them? Are you able to tell them now?

What is the best thing that happened today? Why?

What is something you would like to forgive yourself for?

Maze 1

Maze 2

What are your fears for the future?
Are you able to list one thing you can do to face them?

Checking in with Self

Mood Tracker

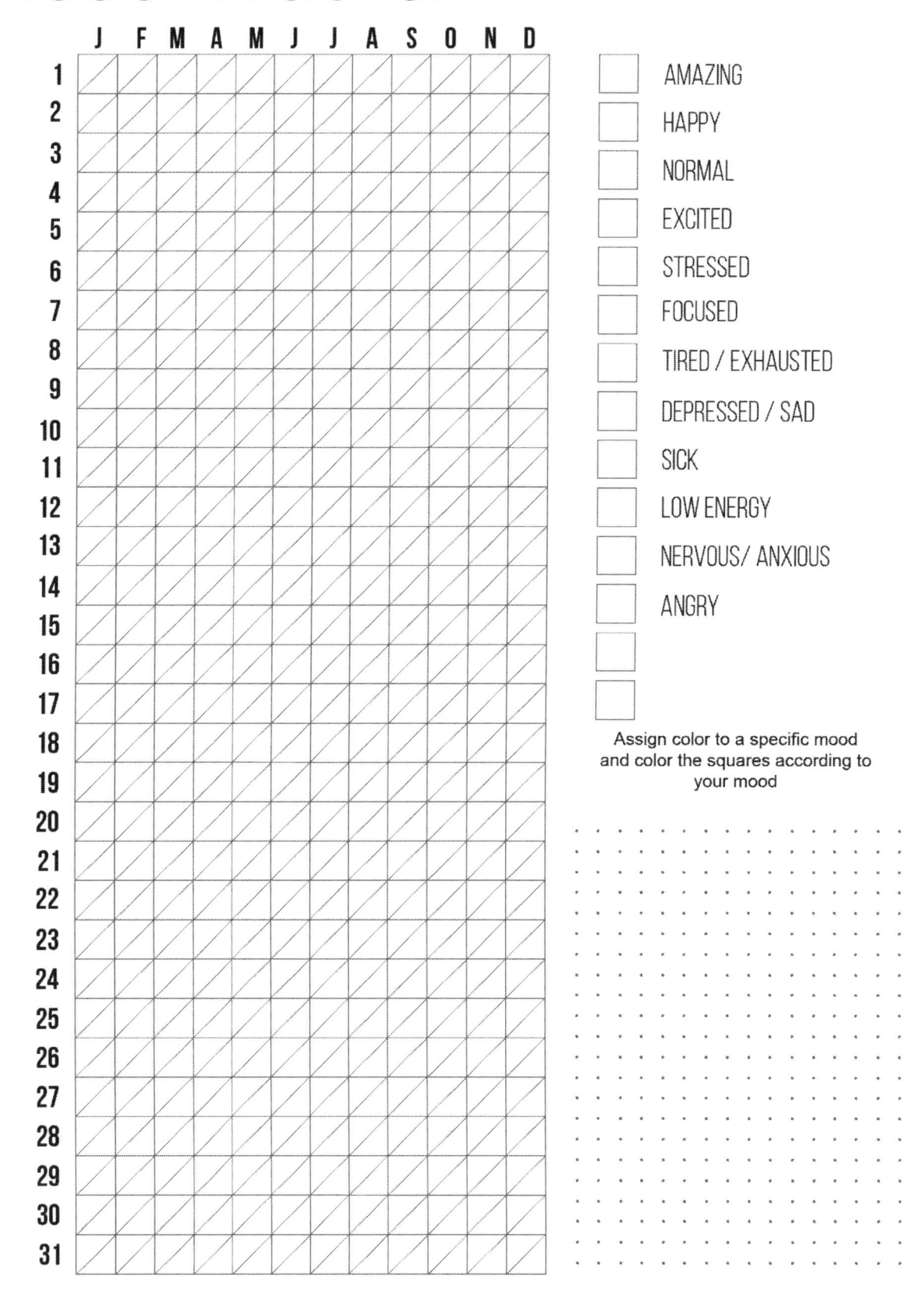

J F M A M J J A S O N D

☐	AMAZING
☐	HAPPY
☐	NORMAL
☐	EXCITED
☐	STRESSED
☐	FOCUSED
☐	TIRED / EXHAUSTED
☐	DEPRESSED / SAD
☐	SICK
☐	LOW ENERGY
☐	NERVOUS / ANXIOUS
☐	ANGRY
☐	
☐	

Assign color to a specific mood and color the squares according to your mood

Have you been able to identify patterns for your mood? What is something you should stop doing because it is not helpful for you?

Puzzle Solutions

C	H	B	Q	E	H	D	H	L	M	C	U	H	W	Y	F	C
A	M	B	G	L	A	S	R	O	B	H	G	I	E	N	F	L
B	R	A	I	T	U	U	F	C	U	C	J	N	I	N	T	Z
U	Y	I	S	F	Y	Q	P	G	A	V	I	L	Y	H	F	Q
N	T	P	D	D	H	E	A	L	T	H	A	Z	Q	R	A	D
H	O	O	O	V	T	R	U	V	S	B	H	A	A	C	M	X
O	J	T	C	F	G	U	S	N	B	A	Z	D	X	R	I	R
P	Y	N	I	U	E	U	L	Q	S	N	E	T	R	L	X
E	P	T	O	P	S	S	O	X	A	E	P	S	S	D	V	S
L	K	M	T	R	T	K	N	A	L	F	C	L	L	X	H	G
T	D	E	U	V	C	P	U	A	Q	Y	E	E	T	W	D	C
A	O	O	M	E	D	I	C	I	N	E	X	N	Q	Y	M	V
F	J	E	J	J	D	Y	S	P	M	C	C	B	R	H	B
R	F	U	A	L	E	L	D	E	E	N	X	O	Q	K	D	J
T	Y	L	S	B	R	V	I	P	O	T	X	H	L	H	K
I	N	O	D	G	A	F	K	U	X	J	B	X	Y	N	L
T	I	S	T	K	W	O	J	L	N	H	I	B	C	V	E	N

Family
Nurses
Health
Doctor
Medicine
Prescription

Friends
Treats
Sunshine
Needle
Appointment

Neighbors
Hope
Sleep
Port
Calendar

Mark the Mines - #1

Mark the Mines - #2

Mark the Mines - #3

Mark the Mines - #4

Maze 1

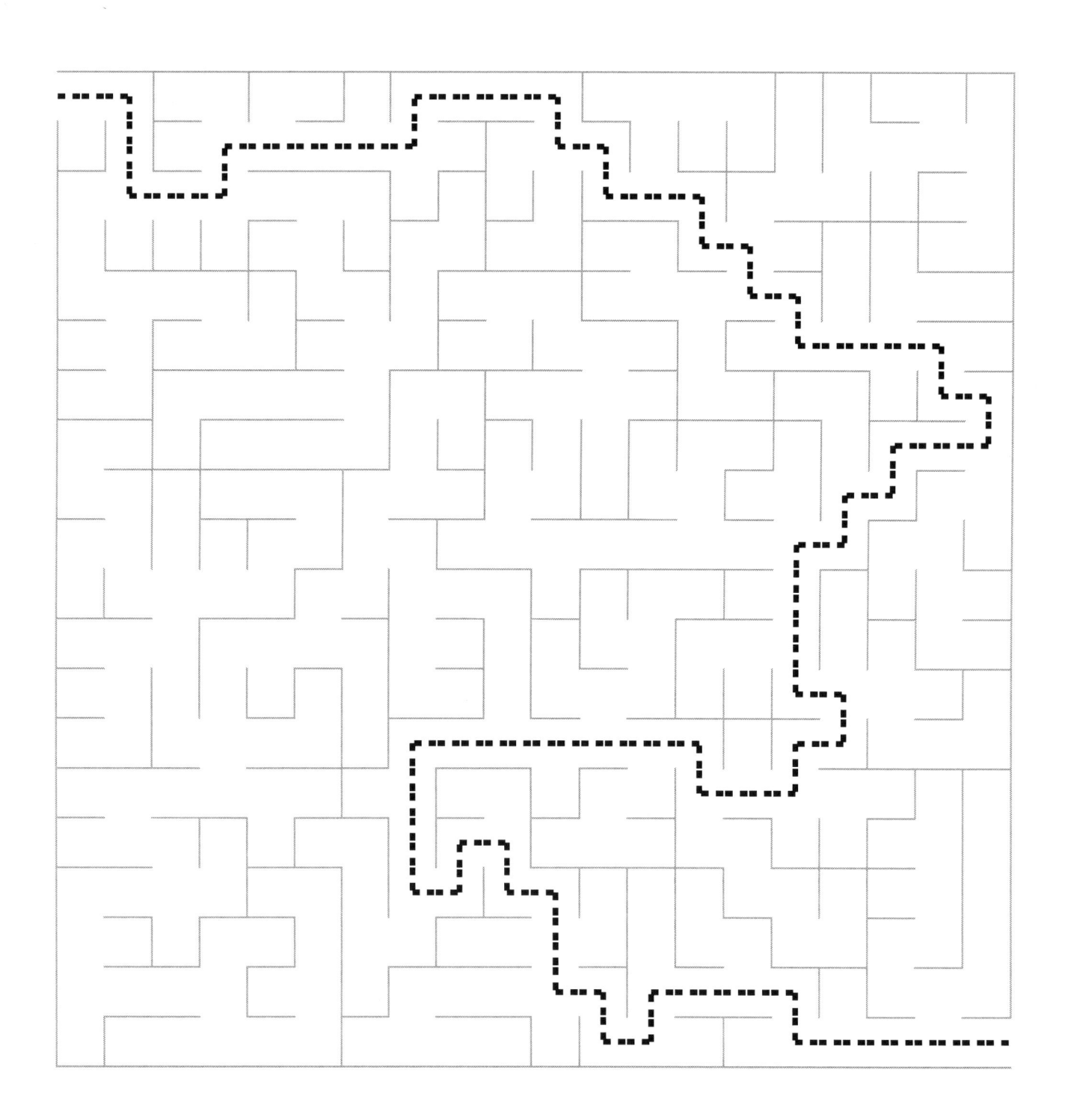

Maze 2

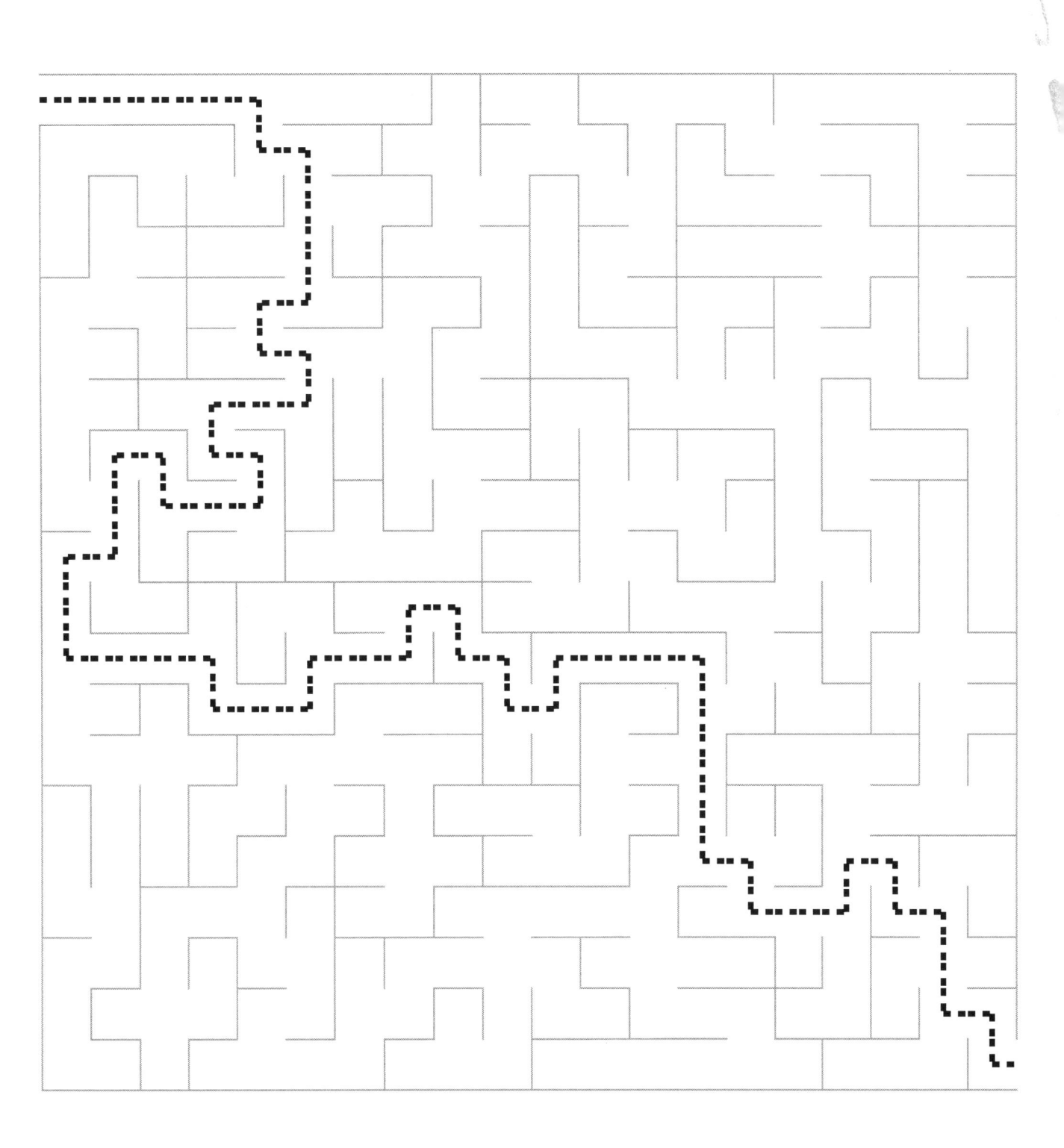

Sudoku Puzzles #1

Puzzle 1 (Top Left)

2	1	4	5	3	8	6	7	9
9	5	3	7	1	6	8	4	2
6	8	7	9	2	4	1	5	3
7	2	9	3	4	1	5	6	8
4	6	5	8	7	9	3	2	1
1	3	8	2	6	5	4	9	7
3	4	6	1	9	7	2	8	5
8	9	2	6	5	3	7	1	4
5	7	1	4	8	2	9	3	6

Puzzle 2 (Top Right)

4	1	5	8	2	9	6	3	7
7	2	3	5	6	4	8	9	1
9	8	6	1	7	3	5	4	2
2	3	9	7	1	6	4	8	5
8	5	1	3	4	2	9	7	6
6	4	7	9	5	8	1	2	3
1	6	4	2	9	7	3	5	8
5	7	8	4	3	1	2	6	9
3	9	2	6	8	5	7	1	4

Puzzle 3 (Middle Left)

7	2	9	8	5	6	3	1	4
1	3	4	7	2	9	6	5	8
5	8	6	4	1	3	9	2	7
2	1	8	6	9	5	7	4	3
6	9	3	1	4	7	2	8	5
4	5	7	3	8	2	1	6	9
3	6	2	5	7	8	4	9	1
8	7	1	9	6	4	5	3	2
9	4	5	2	3	1	8	7	6

Puzzle 4 (Middle Right)

8	1	5	6	7	9	3	2	4
9	3	6	5	4	2	7	1	8
2	4	7	8	1	3	5	6	9
3	7	1	9	8	4	2	5	6
4	9	2	3	5	6	1	8	7
6	5	8	7	2	1	9	4	3
5	6	9	1	3	8	4	7	2
7	2	3	4	6	5	8	9	1
1	8	4	2	9	7	6	3	5

Puzzle 5 (Bottom Left)

9	8	5	3	1	7	4	6	2
3	1	2	8	4	6	9	7	5
6	4	7	9	5	2	1	3	8
2	9	4	6	7	5	8	1	3
1	6	3	2	8	4	7	5	9
5	7	8	1	9	3	2	4	6
7	5	9	4	6	8	3	2	1
4	2	1	5	3	9	6	8	7
8	3	6	7	2	1	5	9	4

Puzzle 6 (Bottom Right)

1	8	4	6	2	9	5	3	7
9	6	5	4	3	7	1	8	2
2	3	7	1	5	8	6	9	4
4	9	6	8	7	5	2	1	3
7	5	2	3	9	1	8	4	6
3	1	8	2	4	6	7	5	9
6	7	3	5	1	4	9	2	8
5	4	9	7	8	2	3	6	1
8	2	1	9	6	3	4	7	5

Sudoku Puzzles #2

Sudoku Puzzles #3

Puzzle 1

8	6	1	2	4	9	7	5	3
7	4	3	1	8	5	9	2	6
9	2	5	3	6	7	4	1	8
4	5	8	6	9	2	3	7	1
3	7	2	5	1	4	8	6	9
1	9	6	8	7	3	5	4	2
2	1	4	7	3	8	6	9	5
6	8	9	4	5	1	2	3	7
5	3	7	9	2	6	1	8	4

Puzzle 2

3	6	4	1	8	7	9	5	2
5	2	8	4	3	9	1	6	7
9	1	7	5	2	6	4	8	3
1	7	9	6	4	8	2	3	5
6	4	3	9	5	2	7	1	8
2	8	5	3	7	1	6	9	4
7	3	1	2	9	5	8	4	6
8	5	6	7	1	4	3	2	9
4	9	2	8	6	3	5	7	1

Puzzle 3

5	8	2	3	4	7	6	1	9
1	7	9	6	8	2	4	5	3
3	6	4	5	9	1	2	7	8
8	1	3	2	5	9	7	6	4
2	9	7	1	6	4	8	3	5
6	4	5	8	7	3	9	2	1
4	3	8	7	2	5	1	9	6
9	2	1	4	3	6	5	8	7
7	5	6	9	1	8	3	4	2

Puzzle 4

2	8	3	5	6	4	7	1	9
6	7	5	9	2	1	3	8	4
9	4	1	3	7	8	5	6	2
5	2	6	1	3	7	9	4	8
7	3	8	2	4	9	1	5	6
4	1	9	8	5	6	2	7	3
8	6	2	7	9	5	4	3	1
3	5	4	6	1	2	8	9	7
1	9	7	4	8	3	6	2	5

Puzzle 5

7	3	4	9	2	5	8	1	6
6	8	5	3	7	1	9	4	2
9	2	1	8	4	6	3	7	5
3	5	2	1	6	9	7	8	4
4	7	8	5	3	2	6	9	1
1	6	9	7	8	4	5	2	3
5	9	6	4	1	7	2	3	8
2	4	3	6	9	8	1	5	7
8	1	7	2	5	3	4	6	9

Puzzle 6

1	4	5	8	3	9	6	7	2
3	6	8	2	5	7	1	9	4
7	2	9	6	1	4	5	8	3
2	7	1	5	8	6	3	4	9
9	5	4	3	7	1	2	6	8
8	3	6	9	4	2	7	1	5
6	1	3	4	2	8	9	5	7
4	9	2	7	6	5	8	3	1
5	8	7	1	9	3	4	2	6

Sudoku Puzzles #4

Puzzle 1

9	5	4	6	7	1	8	3	2
1	8	6	3	5	2	9	4	7
3	7	2	9	4	8	1	5	6
5	6	7	8	1	9	3	2	4
2	9	8	5	3	4	7	6	1
4	3	1	2	6	7	5	9	8
6	2	5	7	8	3	4	1	9
7	4	9	1	2	5	6	8	3
8	1	3	4	9	6	2	7	5

Puzzle 2

5	7	9	8	6	3	4	1	2
3	8	6	1	4	2	7	5	9
4	2	1	9	7	5	6	8	3
1	9	4	5	2	8	3	7	6
8	6	5	3	9	7	2	4	1
2	3	7	4	1	6	5	9	8
6	1	3	7	5	9	8	2	4
9	5	8	2	3	4	1	6	7
7	4	2	6	8	1	9	3	5

Puzzle 3

9	4	1	8	3	6	2	7	5
6	7	2	5	1	9	4	8	3
8	3	5	4	2	7	1	6	9
1	2	3	9	7	8	6	5	4
4	5	9	3	6	2	8	1	7
7	8	6	1	5	4	3	9	2
2	6	4	7	9	1	5	3	8
5	1	7	2	8	3	9	4	6
3	9	8	6	4	5	7	2	1

Puzzle 4

4	1	8	3	9	2	5	6	7
5	6	2	7	1	4	3	8	9
3	9	7	8	6	5	1	2	4
8	4	3	6	2	1	7	9	5
9	2	6	4	5	7	8	1	3
1	7	5	9	3	8	2	4	6
7	8	1	5	4	9	6	3	2
2	3	9	1	7	6	4	5	8
6	5	4	2	8	3	9	7	1

Puzzle 5

3	7	2	6	1	8	9	4	5
9	5	8	3	2	4	6	1	7
4	1	6	9	5	7	3	8	2
5	4	7	2	8	3	1	9	6
6	8	9	7	4	1	5	2	3
1	2	3	5	6	9	4	7	8
7	9	1	8	3	5	2	6	4
2	3	4	1	7	6	8	5	9
8	6	5	4	9	2	7	3	1

Puzzle 6

7	8	3	5	4	2	6	1	9
1	6	5	3	8	9	2	4	7
2	4	9	7	1	6	8	3	5
5	3	4	6	2	7	9	8	1
8	7	6	9	3	1	4	5	2
9	1	2	8	5	4	7	6	3
3	2	8	4	9	5	1	7	6
4	9	7	1	6	3	5	2	8
6	5	1	2	7	8	3	9	4

Sudoku Puzzles #5

Puzzle 1

4	7	3	5	9	6	8	1	2
6	9	2	1	7	8	5	4	3
8	5	1	4	3	2	7	6	9
7	2	8	6	1	4	3	9	5
3	6	5	8	2	9	4	7	1
1	4	9	7	5	3	6	2	8
9	8	7	3	4	1	2	5	6
2	3	4	9	6	5	1	8	7
5	1	6	2	8	7	9	3	4

Puzzle 2

4	7	8	9	5	1	3	6	2
3	6	9	2	7	8	1	5	4
1	2	5	3	6	4	8	9	7
5	9	4	6	3	7	2	8	1
8	1	2	4	9	5	6	7	3
7	3	6	8	1	2	5	4	9
6	4	1	5	2	9	7	3	8
2	8	3	7	4	6	9	1	5
9	5	7	1	8	3	4	2	6

Puzzle 3

5	8	3	7	2	1	9	4	6
6	9	1	4	8	3	5	7	2
4	7	2	6	5	9	8	1	3
9	6	8	2	7	5	4	3	1
2	4	5	3	1	6	7	8	9
1	3	7	9	4	8	6	2	5
3	5	4	1	6	7	2	9	8
8	2	9	5	3	4	1	6	7
7	1	6	8	9	2	3	5	4

Puzzle 4

4	9	6	3	5	8	1	2	7
7	2	8	6	9	1	4	5	3
5	1	3	7	4	2	9	6	8
8	5	4	2	3	7	6	9	1
3	7	9	5	1	6	8	4	2
1	6	2	4	8	9	3	7	5
9	8	7	1	2	4	5	3	6
2	4	5	8	6	3	7	1	9
6	3	1	9	7	5	2	8	4

Puzzle 5

6	9	8	2	1	3	4	5	7
3	5	4	7	6	8	9	2	1
2	7	1	9	5	4	3	6	8
4	3	2	8	7	1	5	9	6
9	1	6	3	4	5	7	8	2
7	8	5	6	2	9	1	3	4
1	6	7	5	3	2	8	4	9
8	2	3	4	9	7	6	1	5
5	4	9	1	8	6	2	7	3

Puzzle 6

8	1	2	3	9	7	4	5	6
5	4	7	1	6	8	3	2	9
9	3	6	5	4	2	8	1	7
7	9	1	6	8	4	5	3	2
2	6	4	7	3	5	1	9	8
3	5	8	9	2	1	7	6	4
1	8	3	2	7	6	9	4	5
6	7	5	4	1	9	2	8	3
4	2	9	8	5	3	6	7	1

Sudoku Puzzles #6

5	7	3	6	4	2	8	9	1
6	9	1	5	3	8	4	2	7
4	8	2	1	9	7	5	6	3
7	6	5	3	8	4	9	1	2
3	2	9	7	5	1	6	8	4
1	4	8	9	2	6	7	3	5
2	3	7	8	6	5	1	4	9
9	1	6	4	7	3	2	5	8
8	5	4	2	1	9	3	7	6

9	7	2	6	4	5	8	3	1
6	8	4	1	2	3	5	9	7
3	1	5	9	7	8	2	4	6
8	9	1	5	6	4	7	2	3
2	5	3	8	9	7	6	1	4
7	4	6	2	3	1	9	8	5
1	2	8	4	5	6	3	7	9
4	6	7	3	8	9	1	5	2
5	3	9	7	1	2	4	6	8

1	2	3	6	9	8	4	5	7
8	7	4	5	3	1	9	6	2
9	6	5	2	7	4	8	3	1
6	1	8	9	4	2	3	7	5
2	5	7	1	8	3	6	9	4
3	4	9	7	6	5	1	2	8
4	3	2	8	5	9	7	1	6
7	9	1	4	2	6	5	8	3
5	8	6	3	1	7	2	4	9

8	9	6	1	7	2	4	5	3
2	4	5	6	9	3	1	7	8
3	1	7	4	5	8	9	6	2
1	6	4	8	3	7	2	9	5
9	8	2	5	6	4	7	3	1
5	7	3	2	1	9	6	8	4
6	5	9	3	4	1	8	2	7
4	3	8	7	2	6	5	1	9
7	2	1	9	8	5	3	4	6

4	2	6	7	5	3	8	9	1
1	5	9	6	4	8	3	2	7
8	3	7	9	1	2	4	6	5
7	4	3	5	9	1	2	8	6
9	1	2	3	8	6	5	7	4
5	6	8	2	7	4	9	1	3
3	8	4	1	2	7	6	5	9
2	9	1	4	6	5	7	3	8
6	7	5	8	3	9	1	4	2

7	6	8	2	1	5	4	9	3
2	4	5	3	7	9	6	8	1
9	1	3	6	8	4	7	2	5
1	3	4	5	2	6	8	7	9
6	9	7	4	3	8	5	1	2
8	5	2	7	9	1	3	6	4
3	2	1	8	5	7	9	4	6
4	8	9	1	6	3	2	5	7
5	7	6	9	4	2	1	3	8

Sudoku Puzzles #7

Puzzle 1

7	4	9	3	1	6	8	2	5
3	2	1	7	5	8	4	6	9
5	6	8	9	2	4	7	3	1
8	7	3	5	6	9	1	4	2
4	5	2	1	8	7	6	9	3
1	9	6	4	3	2	5	7	8
2	3	5	6	7	1	9	8	4
6	1	4	8	9	3	2	5	7
9	8	7	2	4	5	3	1	6

Puzzle 2

2	5	7	9	4	6	3	1	8
8	6	4	2	3	1	5	7	9
9	1	3	7	5	8	4	2	6
3	4	9	6	8	2	7	5	1
7	2	1	3	9	5	8	6	4
5	8	6	1	7	4	2	9	3
4	3	2	5	6	9	1	8	7
6	7	5	8	1	3	9	4	2
1	9	8	4	2	7	6	3	5

Puzzle 3

6	3	2	8	5	9	4	7	1
4	9	5	1	7	3	8	2	6
7	1	8	4	6	2	9	3	5
9	5	1	7	3	4	6	8	2
3	4	6	9	2	8	1	5	7
8	2	7	5	1	6	3	4	9
1	6	3	2	4	5	7	9	8
2	7	9	3	8	1	5	6	4
5	8	4	6	9	7	2	1	3

Puzzle 4

6	7	5	3	1	8	4	2	9
2	9	1	5	4	7	8	3	6
3	4	8	2	9	6	1	5	7
9	8	4	1	3	2	7	6	5
1	6	7	9	8	5	3	4	2
5	2	3	7	6	4	9	1	8
7	1	9	6	2	3	5	8	4
8	3	2	4	5	9	6	7	1
4	5	6	8	7	1	2	9	3

Puzzle 5

2	5	4	1	9	8	7	3	6
6	9	8	7	5	3	4	1	2
1	3	7	6	4	2	8	9	5
9	7	6	2	8	4	1	5	3
5	8	3	9	7	1	2	6	4
4	2	1	5	3	6	9	8	7
7	1	2	3	6	9	5	4	8
3	4	9	8	2	5	6	7	1
8	6	5	4	1	7	3	2	9

Puzzle 6

7	8	9	1	6	2	4	5	3
5	1	3	7	9	4	6	2	8
2	6	4	5	3	8	1	7	9
6	7	2	8	5	3	9	1	4
4	9	8	2	1	7	3	6	5
1	3	5	9	4	6	7	8	2
8	2	1	3	7	9	5	4	6
3	5	6	4	2	1	8	9	7
9	4	7	6	8	5	2	3	1

Made in the USA
Columbia, SC
10 March 2025